CONFESSION OF FAITH

Hilarion
Archbishop of Kiev

Translated by: Tatiana Ivanovich, D.P. Curtin

CONFESSION OF FAITH

Copyright @ 2023 Dalcassian Press

All rights reserved. No part of this publication may be reproduced, distributed, or transmitted in any form or by any means, including photocopying, recording, or other electronic or mechanical methods, without the prior written permission of the publisher, except in the case of brief quotations embodied in critical reviews and certain other non-commercial uses permitted by copyright law. For permission request, write to Dalcassian Press at dalcassianpublishing at gmail.com

ISBN: 979-8-8693-7832-3 (Paperback)

Library of Congress Control Number:
Author: Curtin, D.P. (1985-)

Printed by Ingram Content Group, 1 Ingram Blvd, La Vergne, Tennessee

First printing edition 2023.

CONFESSION OF FAITH

CONFESSION OF FAITH

SECTION I

I believe in one God, glorified in the Trinity, the unbegotten Father, without beginning, without end, - the Son who is begotten, but also without beginning and without end, - the Holy Spirit, proceeding from the Father and appearing in the Son, but also without beginning and equal to the Father and the Son; into a Trinity of one essence, but divided by Persons, a Trinity in names, but one God. I do not merge the divisions, and I do not share the unity. The (Persons) unite without confusion and are separated inseparably. (One Person) is called Father because He gives birth; (other) Son, because he is born; (third) by the Holy Spirit - because it proceeds but does not depart (from the Father). The Father is not the Son, nor the Son the Father, nor the Holy Spirit the Son: but each has His own without confusion, except the Divinity. For in the Trinity there is one Godhead, one dominion, one kingdom. The common Trisagion is proclaimed by the cherubim, common adoration is given from

CONFESSION OF FAITH

angels and men, common glory and thanksgiving are given from the whole world.

I know and believe in that one God, and I was baptized in His name: in the name of the Father and the Son and the Holy Spirit. This is how I accepted it from the writings of the Holy Fathers, this is how I have learned it.

I also believe and confess that the Son, by the good will of the Father, by the will of the Holy Spirit, descended to earth for the salvation of the human race, but did not leave heaven and the Father; by the overshadowing of the Holy Spirit, moved into the womb of the Virgin Mary and was conceived, as only He Himself knows, born without male seed, preserving the Mother as a virgin, as befits God, both in His birth, both before birth and after birth, but without putting off sonship. In heaven He is without a mother, and on earth without a father. He was raised and raised as a man, and was a true man, not in a ghost, but truly in our flesh; perfect God and perfect man, in two natures and desires of the will. What was, he did not put aside, and what was not, he accepted. He suffered for me in the flesh, like a man, but in Divinity he remained impassive, like God. The immortal died to revive the dead me; descended into hell to raise up and deify my forefather Adam and bind the devil. Arose as God; for three days He rose from the dead as a conqueror, Christ my King, and after repeated appearances to His disciples, He ascended into heaven to the Father, from Whom He did not turn away, and sat down at His right hand. I expect that He will come again from heaven, but not secretly, as before, but in the glory of the Father, with the heavenly armies. The dead, according to the voice of the archangel, will come out to meet Him, and He will judge the living and the dead, and will reward each according to their deeds.

I also believe in the seven Councils of Orthodox Saints; and whom they rejected, I also reject; whom they cursed, I also curse, and what they betrayed in their writings, I accept. I call the Holy Most Glorious Virgin Mary Theotokos, I honor Her and worship Her with faith. And on Her holy icon I see the Lord as a baby in Her bosom, and I rejoice. I see Him crucified and I rejoice. I look at the risen One and the One ascending into heaven, and I raise my hands and worship Him. Also, looking at His saints, I glorify the Savior of them. I kiss their relics with love and faith. I preach their miracles, and I accept healings from them. I flow to the Catholic and Apostolic Church; I enter into it with faith, I pray with faith, and I leave with faith.

This I believe, and I am not ashamed; I confess before the nations, and I am ready to lay down my life for the confession.
Glory to God, who builds for me beyond my strength, for everything! Pray for me, honest teachers and Lords of the Russian land. Amen.
By the grace of the humane God, I am a monk and presbyter, Hilarion, by His will, ordained by the pious bishops and enthroned in the great and God-protected city of Kyiv, to be metropolitan, shepherd and teacher in it. This happened in the summer of 6559 (1051), during the reign of the blessed Kagan Jaroslav, son of Vladimir. Amen.

SECTION II- CONFESSION OF FAITH

I believe in one God the Father,
Almighty, creator of heaven and earth,
and of (everything) visible and invisible.

And in one Lord Jesus Christ,
the Son of God, the only begotten,
begotten of the Father before all ages,
Light from Light,
true God from true God,
begotten, not made,
consubstantial with the Father,
by whom all things were (created);

for our sake, man
and ours for the sake of salvation
came down from heaven,
and became incarnate from the Holy Spirit
and the Virgin Mary,
(and) became man;
and crucified for us under Pontius Pilate,
(and) suffered and was buried;
(and) rose again on the third day,
according to the Scriptures;
(and) ascended into heaven,

and sits at the right hand of the Father;
and coming again with glory
to judge the living and the dead,
whose kingdom will have no end.

And in the Holy Spirit,
the Lord and life-giving,
who proceeds from the Father, who receives worship
with the Father and with the Son
and is glorified,
who spoke in the prophets.
Into one holy,
catholic and apostolic church.
I confess one baptism
for the remission of sins;
I look forward to the resurrection of the dead
and life in the age to come. Amen.

I believe in one God,
glorified in the Trinity: the unbegotten Father,
without beginning, infinite,
the begotten Son,
but co-begotten with the Father and co-infinite,
(and) the Holy Spirit,
proceeding from the Father
and appearing in the Son,
but also co-begotten and equal with the Father and the Son, -
Trinity consubstantial,
but divided by persons,
Trinity by name, but one God.

I do not merge the divisions
and I do not separate the union,
(for the three Divine Persons) are united unfused
and separated inseparably.
And the Father is called (thus),

because he gives birth to (Son);
The Son is by reason of birth (from the Father);
and the Holy Spirit - due to the procession (from the Father),
being, however, (with him) not separated.
And the Father is not the Son,
and the Son is not (is) the Father,
and the Holy Spirit is not (is) the Son,
but each (person)
has an unfused quality of his own,
(belonging to him) in addition to the Divinity.
For in the Trinity there is one Godhead,
one dominion,
one kingdom, and (befitting it)
a common trisagion from the cherubim,
a common worship from the angels
and the human race,
united glory and thanksgiving -
from all over the world. I know and believe in
that one God, in whose name I was baptized:

In the name of the Father and the Son and the Holy Spirit. And just as I received it from the writings of the holy fathers, so I learned! And I believe and confess that the Son of God, by the good will of the Father and the permission of the Holy Spirit, descended to earth for the salvation of the human race, without leaving heaven and without being separated from the Father, and, through the overshadowing of the Holy Spirit, dwelt in He endured the womb of the Virgin Mary and conception in a way known to him alone, and was not born from a male seed, preserving his virgin mother, as befits God, both before the Nativity, and at the Nativity, and after his Nativity, but did not put it aside. Divine) Sonship. In heaven - without a mother, on earth - without a father, "Christ" was fed with milk and raised as a man, and was a true man, not ghostly, but truly "dwelling" in our flesh. Perfect God (and) perfect man, He is in two natures and with (two) desires and wills: without putting aside what he was, he accepted what he was not. (Christ) suffered for me in the flesh, as a man, but in his Divinity, as God, he remained impassive. The immortal died to revive the dead me; He descended into hell to restore and deify my forefather Adam , and to bind the devil. Christ my king arose as God, rising from the dead on the third day, as the conqueror of death, and, having appeared many times to his disciples, ascended into heaven to the Father, whom he did not leave, and sat down at his right hand. And I remain in hope that he will descend from heaven again, but not in secret, as before, but in the glory of the Father (and) with the heavenly armies. According to the voice of the archangel, the dead will come out to meet him; and he will judge the living and the dead and will reward each according to his deeds. I also confess the seven Councils of the Orthodox Holy Fathers; and those that are cast out by them, and I sweep away, and those that are cursed by them, and I curse; What they delivered to us through their writings, I accept. I call the holy and glorious Virgin Mary Theotokos and honor and I worship her with faith.

And on her holy icon I behold
my Lord as a baby in her bosom -
and I am filled with joy;
I contemplate him crucified -
I am filled with joy;
when I see him risen
and ascending into heaven -
I raise my hands and worship him.
And, looking also at the icons
of his saints,
I glorify the One who saved them.
I kiss their relics with faith and love,
preach their miracles
and accept healings from them. I flow
to the (temple) of the Catholic
and Apostolic Church,
I enter with faith,
I pray with faith,
I leave with faith.

Thus I believe and am not ashamed;
and before the pagans I will confess this faith,
and for my confession I will lay down my soul.
Glory to God, who benefits me
beyond my strength, for everything!

Pray for me,
honest teachers
and rulers of the Russian land!
Amen.

PRAYER OF ST. HILARION OF KIEV

SECTION I

Master Lord our God, high and glorious, loving mankind, having given glory and honor to those who are partakers of the creation of His Kingdom through labor, remember that Thy beggars are good to us; For Your name is the lover of mankind.

Even though imams do not do good deeds, well, for the sake of His mercy, we save many; For we are Thy people, and the sheep of Thy pasture, and the flock, which are new to shepherds, having been plucked from the destruction of idolatry.

O good shepherd, who laid down His life for the sheep, do not forsake us, even if we commit fornication; do not turn us away, even if you have yet committed sins, like a new-purchased slave, in everything not pleasing your master. Do not be dismayed, if your flock is small, say to us: Do not be afraid, My little flock; for your heavenly Father has deigned to give you the Kingdom. Rich in mercy and good in generosity, promising to receive the repentant, awaiting the conversion of sinners, do not remember our many sins, accept us who turn to You, blot out the handwriting of our temptations, tame the anger that has angered You, loving man; You are our Lord and we have the power to either live or die. Soothe the anger, O merciful One, which we deserve by our deeds, and pass by our temptation; For we are dust and dust, and do not enter into judgment with Your servant. We are Your people - we are looking for You. We are dear to You, we bow down to You: we have sinned, we are evil creatures, we are neither wicked nor evil creatures, as we are commanded; earthly existence, we bow down to the earth, and act wickedly in the face of Thy glory, indulge in bodily lusts, enslave ourselves in sin and the sorrow of life, flee from our master, despise good deeds, curse evil for the sake of life. We cry, we ask, and we pray, and we repent of our evil deeds - we ask, may Thy fear follow into our hearts, we pray, may we have mercy at the Last Judgment; now save, show mercy, look after, visit, have mercy, have mercy; Yours is our creation. Your hand in the matter. Even more, our lawlessness is overshadowed. Lord, Lord, who will stand? If each one were to rise according to his work, then who would be saved? For from You there is value, from You mercy, deliverance, and our soul is in Your hand, and our breath is in Your will. Until now, Thy good look upon us

CONFESSION OF FAITH

has been greater than ours; and when he looks at us with fury, like a monster, like the morning dew, not standing still, like dust in the face of the wind, and we ask for the little mercy left.

Have mercy on us, O God, according to Your great mercy; For all good things come to us from You; all that is unrighteous is from us to You; For we have all shied away from us, not a single thing from us about heavenly struggles and struggles, but all about the sorrows of everyday life; Because the venerable one is poor on earth, I abandon You and despise us, since we do not seek You. We are also afraid of what You will do to us, as in Jerusalem, who forsook Thee and did not walk in Thy way.

Well, bear with us and, more long-lastingly, set forth Your angry flame, Thy servants themselves, directing them to Thy truth, are taught to do Thy will, for Thou art our God, and we are Thy people, Thy part. Your property. We do not raise our hands to a foreign god, nor follow a false prophet, nor follow heretical teachings; Well, let us raise our eyes to You, the true God, and to You who live in heaven, we raise our hands to You: take us out of adversity, have mercy on us, call sinners to repentance, and at the Last Judgment of Your right hand, do not excommunicate us, well, blessed are the righteous to partake us. And the world still stands, having been taken from the hands of strangers; and let not Thy people be called destructive people, and let not Thy flock be called sojourners in a land that is not their own; Let not the countries say, "Where is their God?" And do not allow sorrow, famine, and vain death, fire, and flooding to come upon us, so that the cowardice of Thy mercy may not be overcome. Show little, but have mercy a lot; little wounds, but mercifully heal; In a little while they were scorched, but soon they became glad, for our nature is not willing to bear Thy wrath for long, like a stalk of fire.

Well, tame yourself, have mercy on Your people: protect the military, establish peace, and tame the countries, please the city, protect our blessed prince (name) with your tongue [In other lists: "threaten"], make the boys wise, spread the cities, grow Your Church, wealth Observe yours, save husband, and wife, and baby, who exist in work, and in captivity, and in imprisonment, and on the road, and in voyages, in prisons, and in alcohol, in thirst, and in nakedness - have mercy on all, on all comfort and rejoice, creating joy for them spiritually and physically, with the prayers of the Most Pure Ti Mother, and the holy heavenly powers, and your Forerunner John the Baptist, the apostle, and the prophet, and the martyr, and the saints, and all the saints. Have mercy on us, yes, by Your mercy we flock in the unity of faith, together and in joy we joyfully glorify You, our Lord Jesus Christ with the Father and the Holy Spirit, the inseparable Trinity, the one-divine, reigning in heaven and on earth, - angel and man, visible and invisible creatures, now and ever and forever and ever. Amen.

SECTION II

In the same way, O Lord, King and our God, you are high and glorious, Lover of mankind! Rewarding according to your labors glory, honor, and those who are partakers of the creation of Your Kingdom, remember, O Good One, and us, your poor, for your name is Lover of Mankind.

So we have no good deeds, but by Your abundant mercy save us, for we are Your people, and the sheep of Your pasture.

And the flock that You have just begun to shepherd, having torn away from the destruction of idolatry, Good Shepherd, who laid down your life for the sheep, do not leave us, because we are still wandering, do not reject us! Even though we still sin before You, like newly purchased slaves, not pleasing our master in everything. Do not be disdainful, even though your flock is small, but tell us: "Do not be afraid of me, little flock, for your heavenly Father has deigned to give you the Kingdom." Rich in mercy and bounty, who promised to accept the repentant and awaits the conversion of sinners, do not remember our many sins, accept us who turn to You. Erase the handwriting of our temptations, tame your anger, we have angered you, Lover of Humanity. For You are the Lord, the Master and the Creator, and it is in Your power whether we live or die! Replace anger with mercy, even though we are worthy of it for our deeds, ward off temptation, because we are dust and dust. And do not bring justice to your servants - we are your people, we seek you, we fall to you, we pray to you. We have sinned, we have done evil, we have not kept, we have not done what You commanded us. We are earthly, and we bowed down to earthly things, and deceived ourselves in the face of Your Glory. We gave ourselves over to carnal lust, enslaved by sins and the sorrows of life. alienated us from our Lord, deviated from good deeds, cursed, evil for the sake of life. We repent, we ask, we pray, we repent of our evil deeds. We ask: may you send fear into our hearts! We pray: at the Last Judgment may he have mercy on us! Save, show generosity, look upon us, visit, have mercy, have mercy, for we are Yours, Your creation, the work of Your hands. After all, if you see lawlessness, Lord, Lord, who can stand? If you give to everyone according to their deeds, who will be saved?

CONFESSION OF FAITH

What is the cleansing from You! What is your mercy and abundant deliverance! And our souls are in Your hands, and our breath is in Your will! Since then, as Thy kindness has been upon us, we have prospered. And if you look in rage, we will disappear like the morning dew, for the dust cannot stand against the storm, and we cannot stand against Your wrath.

But as a creature we ask for mercy from Him who created us, have mercy on us, O God, according to Your great mercy! For all that is good comes from You to us, but all that is unrighteous comes from us to You. For we have all deviated, collectively we are unworthy. There is not a single one of us who strives and strives for heavenly things, but everything about earthly things, everything about the sorrows of life. How depleted the land is of saints! Not because You abandon us and despise us, but because we do not seek You, but are diligent to what is visible. We are afraid that, as with Jerusalem, you will do to us, who left You and did not follow Your path. But what you did to him, do not do to us according to our deeds.

Do not repay us according to our sins, but You have endured for us, and endure for a long time. You calm down Your angry flame, which extends to us, Your servants, by guiding us with Your truth, teaching us to do Your will. After all, You are our God, and we are Your people, Your part, Your heritage. We do not raise our hands to a foreign god, we do not follow any false prophet, we do not adhere to any heretical teaching, but we cry to You, true God, to You who dwells in heaven, we lift up our eyes, we lift up our hands to You, we pray to You. Let us go, as a Good Lover of Mankind, have mercy on us, calling sinners to repentance. And at Your terrible judgment, do not separate us from the forest, but commune us with your blessing as the righteous. And as long as the world stands, do not bring temptation upon us, do not deliver us into the hands of strangers. Let not Your city be known as captive, and Your flock as strangers in a land that is not their own, lest others say: "Where is their God?" Do not allow sorrow and hunger, and unnecessary deaths - fire, drowning - to fall on us. May those who are not strong in faith fall away from the faith. Punish little, but have mercy much; hurt little, but mercifully heal; a little sad, but soon cheered up; After all, our nature cannot endure Your anger for a long time, like rods cannot endure fire. So calm down, have mercy, because it is Yours to have mercy and save.

So extend your mercy to your people, drive away the warriors, establish peace, tame the neighboring countries, turn the famine into abundance. Make our rulers a threat to our neighbors, make the boyars wise; the cities were dispersed, the Church grew; Keep Your wealth - save husbands and wives and babies, those in slavery, in captivity, imprisoned, on the road, in voyages, in prisons, the hungry and thirsty, and the naked - have mercy on everyone, comfort everyone, make everyone happy, creating joy for them and bodily and mental. Through the prayers of the Most Pure

CONFESSION OF FAITH

Mother and the Holy Heavenly Powers, and Your Forerunner and the Baptist John, the apostles, prophets, martyrs, saints and all Saints, have mercy on us and have mercy on us! By Thy mercy, we who are flocked in the unity of faith, together cheerfully and joyfully let us glorify Thee, our Lord Jesus Christ, with the Father, with the Most Holy Spirit - the Indivisible Trinity, the One Divine, Reigning in heaven and on earth - to angels and people, visible and invisible creation, now and ever and ever.

RUSSIAN TEXT

CONFESSION OF FAITH

Вариант 1

Верую в единаго Бога, славимаго в Троице, Отца нерожденнаго, безначальнаго, безконечнаго, — Сына рожденнаго, но также безначальнаго и безконечнаго, — Духа Святаго, исходящаго от Отца и в Сыне являющагося, но также собезначальнаго и равнаго Отцу и Сыну; в Троицу единосущную, но Лицами разделяющуюся, Троицу в именованиях, но единаго Бога. Не сливаю разделения, и не разделяю единства. Соединяются (Лица) без смешения, и разделяются нераздельно. (Одно Лице) именуется Отцем, потому что раждает; (другое) Сыном, потому что раждается; (третье) Духом Святым — потому что исходит, но не отходит (от Отца). Отец не бывает Сыном, ни Сын Отцем, ни Дух Святый Сыном: но у Каждаго Свое без смешения, кроме Божества. Ибо в Троице едино Божество, едино господство, едино царство. Общее Трисвятое возглашается херувимами, общее воздается поклонение от ангелов и человеков, едина слава и благодарение — от всего мира.

Того единаго Бога знаю, и тому верую, в Его имя и крестился я: во имя Отца и Сына и Святаго Духа; так я принял от писаний святых отцев, так научился. Также верую и исповедую, что Сын, по благоволению Отца, изволением Святаго Духа, сошел на землю для спасения рода человеческаго, но небес и Отца не оставил; осенением Святаго Духа, вселился во утробу Девы Марии и зачат, как Сам един знает, родился без семени мужескаго, сохранив Матерь девою, — как и прилично Богу, — и в рождении Своем, и прежде рождения, и после рождения, — но не отложив сыновства. На небеси Он без матери, а на земле без отца. Воздоен и воспитан Он, как человек, и был истинным человеком, не в привидении, но истинно в нашей плоти; совершенный Бог, и совершенный человек, в двух естествах и хотениях воли. Что́ был, того не отложил, и что́ не был, то приял. Пострадал за меня плотию, как человек, но по Божеству пребыл безстрастным, как Бог. Умер безсмертный, чтобы оживить меня мертваго; сошел во ад, чтобы возставить и обожить праотца моего Адама и связать диавола. Возстал, как Бог; тридневно воскрес из мертвых, как победитель, Христос Царь мой, и после многократных явлений ученикам Своим, восшел на небеса к Отцу, от Котораго не оглучался, — и сел одесную Его. Ожидаю, что и опять Он придет с небеси, но не тайно, как прежде, а в славе Отчей, с небесными воинствами. Мертвые, по гласу архангела, изыдут Ему во сретение, и Он будет судить живых и мертвых, и воздаст каждому по делам.

CONFESSION OF FAITH

Верую и в семь Соборов правоверных святых отец; и кого они отвергли, того и я отвергаю; кого они прокляли, того и я проклинаю, — и что предали они в своих писаниях, то приемлю. Святую Преславную Деву Марию именую Богородицею, чту Ее и с верою покланяюсь Ей. И на святой иконе Ея зрю Господа младенцем на лоне Ея, и веселюсь. Вижу Его распятаго, и радуюсь. Взираю на воскресшаго и на небеса восходящаго, — и воздеваю руки и покланяюсь Ему. Также, и взирая на святых Его угодников, славлю Спасшаго их. Мощи их с любовию и верою целую. Чудеса их проповедую, и исцеления от них приемлю. К Соборной и Апостольской Церкви притекаю; с верою в нее вхожу, с верою молюся, с верою исхожу.

Так верую, и не постыжуся; исповедаю пред народами, и за исповедание готов и душу свою положить.

Слава Богу, строящему о мне выше сил моих, за все! Молите о мне, честные учители и Владыки Русской земли. Аминь.

Я, по милости человеколюбиваго Бога, монах и пресвитер, Иларион, по изволению Его, богочестивыми Епископами посвящен и возведен на престол в великом и богохранимом граде Киеве, чтобы быть мне в нем Митрополитом, пастырем и учителем. Было же сие в лето 6559 (1051), во время княжения благовернаго Кагана Ярослава, сына Владимирова. Аминь.

Вариант 2
ИСПОВЕДАНИЕ ВЕРЫ

Верую во единого Бога Отца,
вседержителя, творца неба и земли,
и (всего) видимого и невидимого.

И во единого Господа Иисуса Христа,
Сына Божия, единородного,
от Отца рожденного прежде всех веков,
Света от Света,
Бога истинного от Бога истинного,
рожденного, а не сотворенного,
единосущного Отцу,
которым все было (сотворено);

нас ради человек
и нашего ради спасения

сошедшего с небес,
и воплотившегося от Духа Святого
и Марии Девы,
(и) вочеловечившегося;

и распятого за нас при Понтии Пилате,
(и) страдавшего, и погребенного;

(и) воскресшего в третий день,
по Писаниям;

(и) восшедшего на небеса,
и сидящего одесную Отца;

и снова грядущего со славою
судить живых и мертвых,
царству которого не будет конца.

И в Духа Святого,
Господа, и животворящего,
от Отца исходящего,
со Отцом и с Сыном
приемлющего поклонение и сославимого,
глаголавшего в пророках.

Во единую святую,
соборную и апостольскую церковь.

Исповедую единое крещение
в отпущение грехов;

ожидаю воскресения мертвых

и жизни в будущем веке. Аминь.

Верую во единого Бога,
в Троице славимого: Отца нерожденного,

безначального, бесконечного,
Сына же рожденного,
но собезначального Отцу и собесконечного,
(и) Духа Святого,
от Отца исходящего
и в Сыне являющегося,
но также собезначального и равного Отцу и Сыну, —
(в) Троицу единосущную,
но разделяющуюся лицами,
Троицу по именам, но единого Бога.

Не сливаю разделения
и соединения не разделяю,
(ибо три Божественные лица) соединяются неслитно
и разделяются нераздельно.
И Отец именуется (так),
поелику рождает (Сына);
Сын же — по причине рождения (от Отца);
а Дух Святой — по причине исхождения (от Отца),
будучи, однако, (с ним) не разлучен.
И Отец не есть Сын,
и Сын не (есть) Отец,
и Дух Святой не (есть) Сын,
но каждому (лицу)
присуще неслитное собственное качество,
(принадлежащее ему) помимо Божества.
Ибо в Троице едино Божество,
едино господство,
едино царство и (подобает ей)
общее трисвятое от херувимов,
общее поклонение от ангелов
и человеческого рода,
единая слава и благодарение —
от всего мира.

Того единого Бога ведаю
и в того верую,

во имя которого и крестился:
во имя Отца и Сына и Святого Духа.
И как восприял из писаний
святых отцов, так и научился!

И верую (также) и исповедую,
что Сын (Божий),
благоволением Отчим
и соизволением Духа Святого,
сошел на землю
для спасения рода человеческого, —
не (оставив) небес
и с Отцом не разлучившись, —
и, осенением Духа Святого,
вселился во утробу Девы Марии
и зачатие претерпел образом,
ведомым ему одному,
и родился не от семени мужского,
матерь (свою) девою сохранив,
как и приличествует Богу,
и прежде рождества,
и в рождестве,
и по рождестве (своем, но)
не отложил (Божественного) Сыновства.

На небесах — без матери,
на земле же — без отца,
(Христос) был вскормлен млеком
и воспитан, как человек,
и был истинный человек,
не призрачно,
но истинно (пребывая) в нашей плоти.
Совершенный Бог
(и) совершенный человек,
Он — в двух естествах
и с (двумя) хотениями и волями:
не отложив то, чем был,

он воспринял то, чем не был.

(Христос) пострадал за меня плотию,
как человек,
но Божеством,
как Бог, пребыл бесстрастен.
Бессмертный умер,
чтобы мертвого меня оживить;
сошел во ад,
чтобы праотца моего Адама
восставить и обожить,
а диавола связать.
Восстал, как Бог,
воскреснув в третий день из мертвых,
как победитель (смерти),
Христос, царь мой,
и, много раз явившись ученикам своим,
восшел на небеса к Отцу,
которого не отлучался,
и воссел одесную его.

И в надежде пребываю,
что он снова низойдет с небес,
но не втайне, как прежде,
но во славе Отчей
(и) с небесными воинствами.
По гласу архангелову,
мертвые изыдут в сретение ему;
и будет он судить живых и мертвых,
и воздаст каждому по делам (его).

Исповедую же и семь Соборов
православных святых отцов;
и тех, что извергнуты ими,
и я отметаю,
и тех, что прокляты ими,
и я проклинаю;

что же посредством писаний (своих)
предали они нам, то приемлю.

Святую и преславную Деву Марию
именую Богородицею и почитаю
и с верою поклоняюсь ей.
И на святой иконе ее лицезрю
Господа моего младенцем на лоне ее —
и исполняюсь веселием,
распятым созерцаю его —
исполняюсь радости,
когда же воскресшим вижу его
и восходящим на небеса —
воздеваю руки и поклоняюсь ему.
И, взирая также на иконы
святых угодников его,
славлю Спасшего их.
Мощи их с верою и любовью лобызаю,
чудеса их проповедую
и исцеления от них приемлю.
К (храму) кафолической
и апостольской Церкви притекаю,
с верою вхожу,
с верою молюсь,
с верою исхожу.
Так верую и не постыжусь;
и пред язычниками (веру эту) исповедую,
и за исповедование (свое) и душу положу.
Слава же Богу, благодеющему мне
выше моих сил, за всё!
Молитесь обо мне,
честные учители
и владыки земли Русской!
Аминь!

Вариант 1

Владыко Господи Боже наш, высокий и славный человеколюбче, въздая противу трудом славу ж и честь и причастники творя Своего Царства, помяни яко благ нас нищих Твоих; яко имя Тобе человеколюбец.

Аще и добрых дел не имамы, ну многиа ради Своеа милости спаси ны; мы бо людие Твои, и овца паствины Твоея, и стадо, еже новоначат паствити, истрг от пагюбы идолослужениа.

Пастырю добрый, положивый душу Свою за овца, не остави нас, аще и еще блудим; не отврьзи нас, аще и еще съгрешихом Ти, акы новокуплени раби, в всем не угодяще господину своему. Не възгнушайся, аще мало стадо, ну реци к нам: Не бойся, малое Мое стадо; яко благоизволи Отец ваш небесный дати вам Царствие. Богатый милостию и благый щедротами, обещавыйся приимати кающихся, ожидая обращениа грешных, не помяни многих грех наших, приими ны обращающихся к Тобе, загляди рукописание съблазн наших, укроти гнев, имже прогневахом Тя, человеколюбче; Ты бо ны еси Господь и власть или жити нам, или умрети. Утоли ж гнев, милостиве, егож достойни есмы по делом нашим, мимоведи искушение наше; яко прьсть есмы и прах, и не вънийди в суд с рабом Твоим. Мы людие Твои — Тебе ищем. Тебе мили ся деем, Тебе припадаем: съгрешихом, злая сътворихом, ни съблюдохом, ни сътворихом, якоже заповеда нам; земнии суще, к земли приклонихомся, и лукавая съдеяхом пред лицем славы Твоеа, на похоти телесныя предахомся, поработахомся грехови и печалем житейским, быхом бегуни своего владыкы, убози от добрых дел, окаянни злаго ради житиа. Плачемся, просим, и молим, и каемся своих злых дел — просим, да страх Твой послеши в сердца наша, молим, да на Страшнем суде помилуеши ны; ныне же спаси, ущедри, призри, посети, умилосердися, помилуй; Твое бо есмы създание. Твоею руку дела. Аще бо беззакониа наша надзриши, Господи, Господи, кто постоит? Аще бо въздаси комуждо по делом его, то кто спасется?

Яко от Тебе оцещение ест, от Тебе милость, избавление, и душа наша в руку Твоею, и дыхание наше в воли Твоей. Донеле ж бо благое призирание Твое на нас беаше, благо деньствовахом; а егда с яростию призре на ны, ищезохом, аки утреняя роса, не постояхом, акы прах пред лицем ветру, и уж мали оставшеся милости просим.

Помилуй ны, Боже, по велицей милости Твоей; въсе бо благо от Тебе к нам приходит; въсе бо неправедное от нас к Тебе; въси бо уклонихомся, несть от нас ни единого о небесных тъщашас и подвизающес, ну вси о печалех житейских; яко оскуде преподобный на земли, не Тебе оставляющу и презрящу нас, ну нам Тебе не взыскающих. Темже боимся, егда сътвориши на нас, яко на Иерусалиме, оставльшем Тя и не ходившим в пути Твоя.

Ну потръпи на нас и еще, долготърпе, устави гневный Твой пламень, рабы Твоя сам направляя на истину Твою, научаа ны творити волю Твою, яко Ты еси Бог наш, и мы людие Твои, Твоя часть. Твое достояние. Не въздеваем рук наших к богу чужему, ни последуем лжепророку, ни учения еретического държим; ну к Тебе въпием истинному Богу и к Тебе, живущему на небесех очи възводим, к Тебе руки наша въздеваем: изми ны из напасти, помилуй ны, призываяй грешники на покаяние, и на Страшнем Ти суде деснаго стояниа не отлучи ны, ну благословенна праведных причасти нас. И донеле ж стоит мир, изми ны от руку чужих; и да не нарекутся людие Твои — людие пагубнии, и стадо Твое — пришельци в земли не своей; да не рекут страны: «Где есть Бог их?» И не попущай на ны скорби, и гладу, и напрасных съмртий, огня, и потопления, да не отъяются малодушьнии милости Твоея. Мало показни, а много помилуй; мало уязви, а милостивно исцели; вмале оскръби, а въскоре обвесели, яко не тръпит наше естество длъго носити гнева Твоего, яко стеблие — огня.

Ну укротися, умилосердися на люди Твоя: ратныя прожени, мир утвръди, а страны укроти, град угобзи, благовернаго князя нашего (имярек) языком огради [В других списках: «огрози»], боляры умудри, грады рассели, Церковь Твою възрасти, достояние Твое соблюди, мужа, и жены, и младенца спаси, сущая в работе, и в пленении, и в заточении, и на путех, и в плаваниих, в темницах, и в алкоте, в жажди, и в наготе — въся помилуй, въся утеши и обрадуй, радост творя им душевную и телесную, молитвами Пречистыа Ти Матере, и святых небесных сил, и Предтеча Твоего Крестителя Иоанна, апостол, и пророк, и мученик, и преподобных, и въсех святых. Умилосердися на ны, да, милостию Твоею пасоми в единении веры, въкупе и в веселии радостно славим Тя Господа нашего Иисуса Христа с Отцем и Пресвятым Духом, Троицю нераздельну, единобожествьну, царствующу на небеси и на земли,— ангелом и человеком, видимей и невидимей твари, ныне и присно и в векы веком. Аминь.

Вариант 2

Тем же ты, о, Владыка, Царь и Бог наш, высок и славен, Человеколюбец! Воздающий по трудам и славу, и честь, и сопричастников творя Своего Царства, помяни, Благий, и нас — нищих твоих, ибо имя твое — Человеколюбец.

Вот и добрых дел не имеем, но многомилостью Своей спаси нас, ибо мы люди Твои, и овцы пажити Твоей.

И стадо, которое Ты только начал пасти, отторгнув от пагубы идолослужения, Пастырь добрый, положивший душу за овец, не оставь нас, ведь мы еще блуждаем, не отвергни нас! Хоть еще и грешим мы пред Тобою, как новокупленные рабы, во всем не угождающие господину своему. Невозгнушайся, хоть и мало стадо, но скажи нам: «Не бойся меня, малое стадо, ведь благоизволил Отец ваш небесный дать вам Царствие». Богат милостью и благ щедротами, обещавший принимать кающихся и ожидающий обращения грешных, не помяни многих грехов наших, прими нас, обращающихся к Тебе. Сотри рукописание соблазнов наших, укроти гнев, мы разгневали тебя, Человеколюбец. Ибо ты Господь, Владыка и Творец, и в Твоей власти — жить нам или умереть! Смени гнев на милость, хоть и достойны мы его по делам нашим, отведи искушение, ведь пыль мы и прах. И не твори суд с рабам своим — мы люди твои, у тебя ищем, к тебе припадаем, тебе молимся. Согрешили мы, злое сотворили, не соблюли, не содеяли того, что заповедал Ты нам. Земные мы, и к земному мы преклонились, и слукавили пред лицом Славы Твоей. Похоти плотской мы предались, порабощенные грехами, и печали житейские. отдалили нас от своего Владыки, отклонились от добрых дел, окаянные, злого ради жития. Каемся, просим, молим, каемся в злых своих делах. Просим: да пошлешь страх в сердца наши! Молим: на страшном суде да помилует нас! Спаси, яви щедрость, призри нас, посети, умилосердись, помилуй, ибо Твои мы, Твое создание, Твоих рук дело. Ведь если беззаконное узришь, Господи, Господи, кто устоит? Если воздашь каждому по делам, то кто спасется?

Каково же от Тебя очищение! Какова же твоя милость и многоизбавление! И души наши в руках Твоих, и дыхание наше в воле Твоей! С тех пор же, как благопризрение Твое на нас, благоденствуем мы. А если в ярости глянешь, то исчезнем, как утренняя роса, ибо не устоит прах против бури, и мы — против гнева Твоего.

Но как тварь от сотворившего нас милости мы просим, помилуй нас, Боже, по великой милости Твоей! Ибо все благое от Тебя на нас, все же неправедное — от нас к Тебе. Ибо все мы уклонились, все вкупе мы недостойны. Нет из нас ни единого, кто б о небесном тщился и подвизался, но все о земном, все о печалях житейских. Сколь оскудела преподобными земля! Не потому, что оставляешь и презираешь нас, но потому, что мы к Тебе не взыскуем, а к видимому прилежим. Того же боимся, что, как с Иерусалимом, сотворишь с нами, оставившими Тебя и не пошедшими по пути твоему. Но того, что сделал ему, не сотвори нам по делам нашим.

Не по грехам нашим воздай нам, но претерпел Ты за нас, и еще долго терпи. Утишь гневное Твое пламя, простирающееся на нас, рабов твоих, сам направляя нас истину Твою, научая нас творить волю Твою. Ведь Ты бог наш, и мы люди Твои, Твоя часть, Твое достояние. Не воздеваем мы рук наших к богу чужому, не следуем никакому лживому пророку, ни ученья еретического не держимся, но к Тебе взываем, истинный Бог, к Тебе, живущему на небесах, очи наши возводим, к Тебе руки наши воздеваем, молимся Тебе. Отпусти нам, какБлагий Человеколюбец, помилуй нас, призывая грешников к покаянию. И на страшном Твоем суде от лесного стояния не отлучи нас, но благословением, как праведных, причасти нас. И доколе же стоит мир, не наводи на нас напасти искушения, не предай нас в руки чуждых. Да не прослывет град Твой плененным, а стадо Твое — пришельцами в земле не своей, да не скажут другие: «Где Бог их?» Не попусти на нас скорби и голода, и напрасных смертей — огня, потопленья. Да не отпадут от веры нетвердые верой, Мало накажи, а много помилуй; мало порань, но милостиво исцели; немного опечаль, но вскоре развесели; ведь не может наше естество долго терпеть гнева Твоего, как прутья — огня. Так укротись, умилосердись, потому что Твое это — помиловать и спасти.

Так простри милость свою на людей Своих, ратных прогоняя, мир утверди, страны соседние укроти, глад оберни изобильем. Владык наших сделай грозой соседям, бояр умудри; города рассели, Церковь свою возрасти; достояние Свое соблюди — мужей и жен и младенцев спаси, находящихся в рабстве, в плену, взаточеньн, в пути, в плавании, в темницах, алчущих, и жаждущих, и нагих — всех помилуй, всех утешь, всех обрадуй, радость творя им и телесную, и душевную. Молитвами молением Пречистой Матери и Святых небесных сил, и предтечи Твоего и крестителя Иоанна, апостолов, пророков, мучеников, преподобных и всех Святых молитвами умилосердись на нас и помилуй нас! Милостью Твоею пасомые в единении веры, вместе весело и радостно да славим Тебя, Господа нашего Иисуса Христа, с Отцом, с Пресвятым Духом — Троицу Нераздельную, Единобожественную, Царствующую на небесах и на земле, — ангелам и людям, видимой и невидимой твари, ныне и присно, и во веки веков.

The Scriptorium Project is the work of a small group of lay people of various apostolic churches who are interested in the preservation, transmission, and translation of the works of the early and medieval church. Our efforts are to make the works of the church fathers accessible to anyone who might have an interest in Christian antiquities and the theological, philosophical, and moral writings that have become the bedrock of Western Civilization.

To-date, our releases have pulled from the Greek, Syriac, Georgian, Latin, Celtic, Ethiopian, and Coptic traditions of Christianity, and have been pulled from sundry local traditions and languages.

www.ingramcontent.com/pod-product-compliance
Lightning Source LLC
LaVergne TN
LVHW061043070526
838201LV00073B/5162